はじめに

　神戸市の消費生活マスター介護問題研究会では、サービス付き高齢者向け住宅（以下、サ高住と略す）の見学にあたって利用しやすいチェックリストの作成とその解説のために、2015年に「サ高住の探し方」を世に送り出しました。それに続き、2016年度の研究会では、サ高住の契約時に気を付けるべき項目とその分かりやすい解説を目指して議論を重ねてきました。

　一般人には読みにくく、わかりにくい契約書・重要事項説明書の文章や内容にかかわらず、サ高住の契約時に最低限確認すべき項目を絞り込むこととしました。しかし、契約書や重要事項説明書の単なる解説では、書店で目にする実務書や事業者向けの書籍と変わらないことになります。そのため、思い切って契約書や重要事項説明書のモデルを掲載することをせず、確認すべき項目を挙げたチェックリストと実例を使ってわかりやすく解説することとしました。

　研究会のメンバーは、日頃から市民の消費者相談や住まいの相談を受けたり、自ら長年にわたって近親者を介護したりした経験を持っています。そうした経験をベースに介護問題研究会の研究成果を活かして、神戸市消費者学級で市民に対してサ高住に関する講義を行っています。こうした機会を提供し続けてくれている神戸市、「サ高住の探し方」に続き本書の出版を承諾してくれた信山社に心から謝意を表したいと思います。

2016年12月17日

監修者・本澤巳代子

目　次

はじめに ……………………………………………………… 1
目次 …………………………………………………………… 2
この本の使い方 ……………………………………………… 3
1．サ高住（サービス付き高齢者向け住宅）とは ………… 4
　　1-1　サ高住の特徴とは？ ……………………………… 4
　　1-2　ほかの高齢者向け住まいとの違いは？ ………… 5
　　1-3　サ高住の契約とは？ ……………………………… 6
2．「契約時チェックリスト」を活用しましょう ………… 9
　　2-1　契約時チェックリストとは？ …………………… 9
　　2-2　契約時チェックリストの使い方は？ …………… 10
　　2-3　チェック後に確認することは？ ………………… 16
3．それぞれのモデルケース ………………………………… 17
　　3-1　Aさんのケース …………………………………… 18
　　3-2　Bさんのケース …………………………………… 23
　　3-3　Cさんのケース …………………………………… 28
　　3-4　Dさんのケース …………………………………… 33
4．用語解説 …………………………………………………… 38
5．参考文献 …………………………………………………… 45
参考資料 ……………………………………………………… 46
　　1) 高齢期の住まい　比較表 ………………………… 46
　　2) 契約書と重要事項説明書の項目 ………………… 48
　　3) サ高住契約のしおり ……………………………… 49
あとがき ……………………………………………………… 53

この本の使い方

- はじめのページから順に読み進むことも、必要なところから読むこともできます。
- 詳しい説明を知りたいときは、後ろの用語解説（50音順）を参照ください。ページの欄外に「→Q1（P38）」と案内しています。
- ４つのモデルケース（一人暮らし年金生活の60代女性、夫が要介護の70代・80代夫婦、親を呼び寄せたい60代夫婦、一人暮らしで働く60代男性）がサ高住を契約する過程を紹介します。
- 巻末の「サ高住契約のしおり」を契約時にご活用ください。

※「サ高住契約のしおり」について
①契約時チェックリスト、使い方、相談先一覧の３部構成、
②複雑な契約内容をチェックリストに添って質問して確認、
③「サ高住契約のしおり」は本書の巻末に添付しています。また、神戸市版は神戸市ホームページからダウンロードできますので、下記のアドレスにアクセスして印刷してお使いください。

http://www.city.kobe.lg.jp/life/livelihood/lifestyle/kcs/kenkyukai.html

- B5サイズ４ページ
- 書き込み式
- 大きな文字
- わかりやすい言葉
- 親しみやすいイラスト

● 1　サ高住（サービス付き高齢者向け住宅）とは ●

　サ高住とは、バリアフリー設備と状況把握*10や生活相談*11サービスがある賃貸住宅です。自宅での生活が不安になったり難しくなったときの住み替え先として注目されています。入居者の介護度やサービスの種類はサ高住により千差万別。よりよい高齢期を過ごすには、十分検討して契約することが重要です。

→Q10 (P40)
→Q11 (P41)

1-1　サ高住の特徴とは？

・なぜできたのですか？

　高齢化の影響で、一人暮らしの高齢者が増加しています。その受け皿となるように、従来の高齢者向け賃貸住宅を見直す法律（高齢者住まい法*Q5）を2011年に制定しました。国の助成施策により2021年の60万戸を目標に全国で急増しています。

→Q5 (P39)

・どのような人が住めますか？

　60才以上の高齢者と介護保険の要介護・要支援認定を受けている方。その配偶者で同居が必要な方または60才以上の親族。

・どのような暮らしになりますか？

　お風呂と台所が共同で居室は18㎡（約11畳）ワンルームタイプが7割を占めます。バリアフリー設計は安心ですが集合住宅のため食事や入浴時間・ペットの飼育などが制限されます。

・どのようなサービスが受けられますか？

　基本サービス（有料）の「状況把握（安否確認）*Q10」と「生活相談*Q11」が必ず提供されますが、具体的な内容はサ高住により異なります。食事・家事援助・介護などは追加サービスで有料です。

→Q10 (P40)
→Q11 (P41)

1-2　ほかの高齢者向け住まいとの違いは？

　サ高住はほとんどが月払いの賃貸住宅になりますので、有料老人ホームのように入居時に高額な費用はかかりません。また、特別養護老人ホームなどの介護施設ではなく、居室を借りるので、生活の自由度は高いといえます。

　約半数が株式会社などの営利企業が経営し、民間のアイデアを生かしたサービスを提供しています。選択肢が多い反面、期待したサービスが受けられないなどのリスクもあることを自覚して、慎重に選択し契約しなければなりません。

高齢者向け住まいの比較表

「―高齢者向け住まいを選ぶ前に―消費者向けガイドブック」をもとに作成
全国有料老人ホーム協会ほか

・有料老人ホーム…住まいとサービスを一体的に提供
・シルバーハウジング…見守り付きの公営住宅
・ケアハウス…自宅での生活が困難な方が入居
・グループホーム…要支援２以上の認知症高齢者が対象
・特別養護老人ホーム…要介護３以上で入所　入所待ちが多い
・養護老人ホーム…一定の所得以下の方が自治体の決定で入所

1-3 サ高住の契約とは？

・契約するということ

　私たちの暮らしは、さまざまな「契約」で成り立っています。契約は法的拘束力を持つ約束ですので、誰とどのような内容で約束するのか、契約する本人がしっかりと確認しなければなりません。

　住まいは安心して生活するための基盤です。契約時の書類やメモを大切に保存するなど、慎重に進めることが大切です。

・契約の流れ

　　情報収集…希望の暮らしに適したサ高住の情報を集めます。
　　相談…信頼できる人の意見を聞きます。
　　入居判断…必ず見学して目で見て確かめます。
　　　　　　　＊「見学時チェックリスト*Q3」を利用しましょう。→**Q3**(P38)
　　入居契約…ご自身の希望が実現できるか書面で確認します。
　　入居　　　　　　　　　　　　（契約書と重要事項説明書）

・信頼できる人の立ち会い

　住まいの契約に必要な書類は、分量も多く内容も専門用語が多用され複雑です。契約内容をよく理解するためには、家族や友人、専門家など、契約についてよくわかった方に立ち会ってもらうと安心です。

- 法律（高齢者すまい法*Q5）で定められていること
    - ◆ 必ず書面で契約します。（口約束はダメ）
    - ◆ 居室の部屋番号や設備を明示します。
    - ◆ 長期入院などで事業者から一方的に解約できません。
    - ◆ 敷金、家賃、サービス費以外は請求できません。
    - ◆ 建築工事完了前の前払い金は認められません。
    - ◆ 家賃の前払い金や返還金額の算定方法を明示します。
    - ◆ 家賃月額の日割り計算分を除いた金額を返還します。
    （入居後3か月以内の契約解除や本人死亡の場合）
    - ◆ 前払い金返還の可能性に備えて保全措置*Q19をとります。→**Q19 (P44)**

- サ高住の契約の特徴

  契約書が複数あります。

  　居室の契約＋基本サービスの契約＋追加サービスの契約

  契約書ごとに契約相手が複数になると、責任範囲があいまいになる場合があります。サ高住の建物所有者とサービス提供事業者が異なる場合も多いので、誰とどのようなことについて契約を交わすのか、確認が必要です。

- 契約時に必要な書類はサ高住によって異なります。

  サ高住の契約時に必要な書類は、書式・準備物などそれぞれのサ高住によって異なります。また、お住まいの地域によっては指定の書式を定めている自治体もあります。

    - ◆ 事業者が提供するもの
        居室の契約書・重要事項説明書・サービス契約書など
        ＊重要事項説明書…契約前に、物件の状況、取引条件な

どについての詳しい説明を記載した書面のことです。
- ◆ 入居者が準備しておくとよいもの
  住民票、印鑑証明書、実印、口座確認書類など
- 契約書に「特約事項*Q15」を追加できます。 →Q15 (P42)
  契約書に記載されていないことについて、追加したいときや削除、修正したいときに、契約当事者の両者の合意があれば新たに「特約事項」として規定することができます。
- サ高住の契約にはいろいろなタイプがあります。
  - ◆ 普通建物賃貸借契約*Q17 →Q17 (P43)
    賃料を払って特定の居室を使用する権利を得ます。居室変更の可能性がなく、借家人の居住権が法的に確保された契約です。
  - ◆ 定期建物賃貸借契約*Q13 →Q13 (P41)
    決められた定期期間の終了後は更新がありません。契約終了後は住めませんので、残存年数の確認が大切な契約です。
  - ◆ 終身建物賃貸借契約*Q8 →Q8 (P40)
    終身契約として自治体が認可したサ高住だけが、この方式を適用できます。入居者が生きている限り存続し、死亡時に終了する「一代限り」の借家契約です。
  - ◆ 利用権契約*Q20 →Q20 (P44)
    既存の有料老人ホームがサ高住に登録した場合に、主に適用される方式です。ホーム内の居室、設備、サービスを利用する権利を購入しますので、入居途中で居室変更の可能性がある契約です。

●2 「契約時チェックリスト」を活用しましょう●

2-1 契約時チェックリストとは？

　契約時は、多くのことを担当者に確認しなければなりません。家族や友人、専門家などに立ち会ってもらうことが重要です。後から「こんなはずではなかった」とならないために、契約時に確認しなければならないことを順番にチェックできるリストを作成しました。

　安心して暮らすために大切なことを、もれなく聞き取るために「サ高住契約のしおり」の中にある"契約時チェックリスト"を活用しましょう。

・契約時チェックリストの特徴

　担当者の説明を一方的に聞くのではなく、契約時に確認すべき情報を、入居者から聞いてチェックする画期的なリストです。チェックリストの項目を確かめていくことで、契約に必要な情報が得られます。

2-2　契約時チェックリストの使い方は？

1. 必要な書類を確認します。
   居室の契約書・重要事項説明書・サービス契約書など
2. チェックリストの項目を順番に聞き取ります。
3. チェックリストの説明を受けた項目に○をつけます。
4. 説明を受けて納得できたときは、　マークに○をつけます。

契約時チェックリスト　書類の確認　契約

はじめに書類を確認しましょう（もらわなければならない書類）
- 居室の契約書 ・ 重要事項説明書 ―事業者名（　　　　　　　）
- サービス契約書　【基本サービス】―事業者名（　　　　　　　）
  　　　　　　　　【追加サービス】―事業者名（　　　　　　　）
- その他の書類　（　　　　　　　　　　）

○印はすべての項目を確認します。☆印は必要な項目を選んで確認します。

契約　＊誰とどの部屋について契約するのか＊

◆住まいの情報で確認することはなんですか？
　○基本事項　【名称／所在地／連絡先／管理者名／契約期間／部屋番号／設備】
　☆契約方式　【普通建物賃貸借・終身建物賃貸借・定期建物賃貸借・利用権】

◆保証人などは必要ですか？
　○必要な人とその役割　【連帯保証人／身元引受人／残置物引受人】
　☆保証人がいないとき　【公的機関・保証金・任意後見契約・その他（　　）】

◆解約はどうすればよいですか？
　○方法【申し出る時期／方法】　○お金【返ってくるお金／差し引かれるお金】

＊ちょこっと情報

サ高住として登録するための基準①
　バリアフリー構造であること
　…段差のない床、手すりの設置、廊下幅の確保

はじめに書類を確認しましょう

　契約時に必要な書類はサ高住により異なります。はじめに必要な書類はどれだけあるのか確認します。契約書類は分量も多く内容も専門用語が多用され複雑で、その場ですべて理解することは難しいです。契約日前に契約書を確認できるか尋ねてみましょう。

契　　約

　サ高住の特徴として、所有者、運営事業者、サービス提供事業者が異なることがあります。どの項目について誰と契約するのか確認が必要です。

◆住まいの情報

　サ高住は老人施設とは異なり、特定の部屋を契約しますので、自分の部屋がどこなのか部屋番号で確認します。サ高住の契約方式については8ページをご参照ください。

◆保　証　人＊Q18　　　　　　　　　　　　　　　　→**Q18**
　　　　　　　　　　　　　　　　　　　　　　　　　　(P43)
　ほとんどのサ高住で、保証人や身元引受人＊Q18、残置物引受人＊Q18を求められます。保証人の役割や保証人がいないときはどうすればよいのか確認します。

◆解　　約

　サ高住の設備と心身の状況が合わなくなったときや転居するとき、死亡したときの解約について確認します。
　家賃を一括前払いして途中退去する場合、返還金が発生することがありますから、返還金の計算方法を確認します。

契約時チェックリスト　お金　医療・介護

お金　＊費用がどのくらい必要か＊

◆ 入居するときや毎月どんなお金が必要ですか？
　○住まいの費用【保証金（敷金　）／家賃／共益費／光熱費／その他(　　　)】
　○基本サービス　【生活相談／状況把握／緊急時の対応　／夜間対応　】
　☆追加サービス　【食事・入浴・洗濯・掃除・介護・その他(　　　)】

◆ 特別に支払うお金はありますか？
　○住まいの維持管理費用　【水漏れ修理／鍵の紛失／電球交換／模様替え　】
　○つき添い費用　【通院／買い物／散歩　】　○退去時の原状回復費用

◆ 支払いはどのようにしますか？
　○毎月の支払い方法
　○もしものときの精算方法【入院したとき／長期不在のとき／延滞したとき　】

医療・介護　＊病気や介護が必要なときに安心か＊

◆ 体調が変化しても住み続けられますか？
　○医療が必要なとき　【提携機関／服薬管理／透析／その他(　　　)】
　○認知症になったとき
　○介護が必要なとき　【介護事業所／ケアマネージャー　】
　○看取りが必要なとき

＊ちょこっと情報

サ高住として登録するための基準②
　居室の床面積は原則25㎡以上
　…食堂、台所、浴室などが共同利用できるときは18㎡以上
　居室に必須の設備は水洗便所と洗面設備
　…台所、浴室、収納は共同設備があれば居室になくてもよい

お　　金

　サ高住は入所施設と異なり、金銭管理などは自己管理が原則です。年金や貯金などの範囲で支払いが継続できるのか、日々の生活にかかる費用を契約書で確認します。金銭・通帳の管理が不安になった時には、自治体の社会福祉協議会が行っている権利擁護事業や成年後見制度*Q12の利用も選択肢の一つです。　→Q12（P41）

◆入居時・毎月のお金
　入居時の敷金*Q6や共益費*Q2、基本サービス費はサ高住によって異なります。食費、家事援助、介護などの追加サービスも含めた総額を確認しましょう。　→Q6（P39）　→Q2（P38）

◆特別なお金
　退去時の原状回復費用*Q4については、トラブルになることが多いのでその範囲を確認します。　→Q4（P39）

◆支払い方法
　口座引き落としが遅れた場合の延滞金や、入院して不在の場合に支払う金額についても確認しておきましょう。

医療・介護

　持病の悪化や突然の体調変化などによって要介護度が上がった場合にも住み続けられるかどうか確認します。

◆体調の変化
　提携医療機関の名称と診療内容の確認や、服薬管理も大切です。ケアマネージャーや介護サービスの種類とともに、認知症についてはどの程度まで対応できるのか確かめます。終の棲家にしたい場合は、どのような看取りが行われるのかも重要なポイントです。

契約時チェックリスト　生活　メモ　相談先

生活　＊今までの暮らしが続けられるか＊

◆今までと同じように生活できますか？
　☆持ち込みできるもの　【家具・仏壇・ペット・その他（　　　　）】
　☆趣味の品　【楽器・オーディオ・植物・その他（　　　　）】
　☆その他　【電化製品・固定電話・インターネット・新聞】
　☆生活習慣　【食堂・お風呂・飲酒・喫煙・家族の宿泊】

◆トラブルになることはどんなことですか？
　○迷惑行為　【騒音／その他（　　　　）】　○鍵・貴重品の管理
　○退去するとき　【申し出の時期／原状回復の範囲】
　○苦情窓口　【居室／基本サービス／追加サービス】

メモ　（チェックリストにない項目で確認したことがあれば書きとめましょう。）

チェックリストの　　にすべて○がついた？
ほかに確認すべき項目がないか担当者に聞いた？
➡ これでサ高住の契約は完了？

「このリストは契約書と一緒に大切に保管しましょう？」

施設名　　　　　　　　担当者
契約者　　　　　　　　立会者

＊＊＊わからないことは裏面の相談先に相談してみましょう＊＊＊

＊ちょこっと情報

サ高住として登録するための基準③

　サ高住の登録基準について、自治体が独自基準を設けている場合があります。

　　例：東京都の居室の基準は原則20㎡以上、台所などが共同の
　　　　場合は13㎡以上（リフォーム物件に限る）

生　活

　サ高住において今までの自分らしい暮らしが続けられるかが、充実した高齢期を過ごすポイントになります。

　◆今までと同じ生活

　　室内空間が限られる集合住宅のため、共同生活を円滑に過ごすための決まりが設けられています。持ち込むものやペットなどの規制はサ高住によって異なりますので、希望することが可能であるのかここで確認します。

　◆トラブル

　　サ高住は介護度の上昇などにより退去を求めることはできないと法律で定められていますが、迷惑行為により共同生活が難しくなった場合は退去を要請される可能性があります。どのようなことが迷惑行為とみなされるのか、具体的に確認します。

契約についてわからないことがあるとき

　住まいの契約は専門用語が多いとともに、サ高住それぞれに独自の契約書式を採用しているので、立ち会ってくれた方でもすべてがわかるとはかぎりません。その場合は専門家や公的な相談機関を利用して、疑問を解決します。

　　◆　お住まいの地域の消費生活センター
　　◆　お住まいの地域の住まいに関する相談窓口
　　◆　お住まいの地域の介護サービスの相談窓口

　巻末の「サ高住契約のしおり」の４ページを参考に、お住まいの地域の相談窓口の情報を調べてみましょう。

「契約時チェックリスト」を活用しましょう

2-3 チェック後に確認することは？

1. チェックリストの４つの 🌱 マークに○がありますか？
2. メモ欄に記載した項目について担当者に確認しましたか？

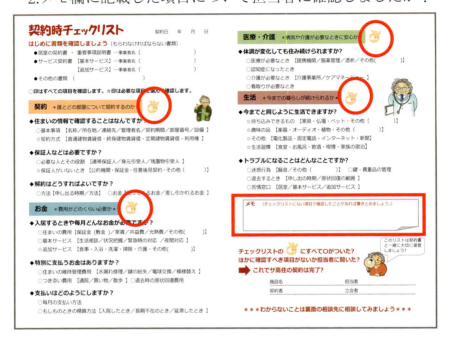

3. 契約書、重要事項説明書などの書類の中に、チェックリストの項目以外に説明が必要なことが残っていないか、担当者に確認しましたか？

3 それぞれのモデルケース

　サ高住を契約するときにどのようなポイントを注意すればよいのか4つのケースを通して考えてみましょう。それぞれの背景や希望をもとに、契約時チェックリストを活用してサ高住を契約します。(なお、登場するサ高住は著者の創作であり、特定の施設を示すものではありません。)

Aさん：60代後半女性
終身建物賃貸借契約：不安なく一人暮らしをエンジョイするために、サ高住に住み替え

Bさん夫婦：70代と80代の夫婦
定期建物賃貸借契約：今のマンションでは夫の介護が難しいので、夫一人がサ高住に住み替え

Cさん親子：60代夫婦と80代の母
利用権契約：離れたところで一人暮らしする母が心配で、近くのサ高住に呼び寄せ

Dさん：60代男性
普通建物賃貸借契約：もう少し働きながら安心して一人暮らしするために、古い持家からサ高住に住み替え

3-1　Aさんのケース

> 一人暮らしの独身女性、年金生活

背　景

　Aさんは68歳の女性で、自宅マンション（2LDK）に一人暮らし。同じマンションの高齢者が孤独死したことや、自分自身が転倒して骨折したことをきっかけに、見守りサービスのあるサ高住への住み替えを決意しました。

　65歳で定年退職後、趣味の山歩きや旅行、食べ歩き、水彩画を楽しんでいます。収入は毎月21万円（公的年金16万円、個人年金5万円）、貯蓄は2,500万円、自宅マンション（築30年）のローンは完済しました。サ高住に入居後、現在のマンションを賃貸すると毎月10万円程度が入ります。特に持病はありませんが、外食が多いことが悩みの種です。都会育ちのため都心部にある交通の便の良いサ高住に決めました。

契約するサ高住の情報

- 終身建物賃貸借契約＊Q8　　　　　　　　　　　　　　　　→Q8
- 都心部の駅近の中層マンションタイプ（70戸）　　　　　　（P40）
- 部屋の広さ40㎡、キッチン、浴室、トイレ、洗面台付き
- 事業者はサ高住を全国で運営する社団法人
- 平均年齢　70代前半、7割が自立、女性4：男性1
- 敷地内に地域密着型介護事業所あり。訪問介護・看護ステーション・ショートステイが利用可能。

18　それぞれのモデルケース

- 家賃の一括前払い金　2000万円。10年分を一括前払いすることで終身居住できる。（一括払いのほか分割払いも可能）
- 10年以内に退去するときに返還金あり
- 毎月の費用　56,000円（基本サービス費48,000円、共益費8,000円）食費は1食あたり500円～700円

決めたポイント

　まだ年齢も若く、長期間サ高住で生活することが考えられますので、安心して住み続けられる終身建物賃貸借契約を選択しました。一時払い金は高額ですが貯蓄で賄え、毎月の費用も年金の範囲内です。途中で住み替えるときの返還金も明確です。

　駅から徒歩5分の立地は、電車での外出や絵画教室、友人との交際が継続できます。同じ建物内に介護事業所があるので、今後介護が必要になったときに一人でも安心です。また、食堂は予約なしでいつでも食事できます。入居者も自立した方が多く、終活の勉強会やイベントが活発に行われています。サ高住の運営について事業者と入居者が話し合う「運営懇談会」に入居者が積極的にかかわるところも高ポイントです。

契約時に確認したこと

◇契　約
- 終身建物賃貸借契約の返還金は、5年後に退去すると1000万円。10年以上居住する場合は、10年目の更新料200万円。
- 身元保証人は、姪の1名でOK

◇医療・介護
- 通院時の付き添い（820円／30分）
- 入退院時の付き添い（820円／30分）

・入退院時事務手続き代行（820円／30分）

契約後の感想

　老後資金の大部分を一時金に支払うことは勇気がいりましたが、終身契約は、高齢期の一人暮らしの不安を解消してくれます。葬儀の手配もできるようです。また、毎月の支払金額を抑えられるので、今後、年金支給額が変更されても余裕をもった生活プランを立てられます。

　要介護度が高くなったときに住み続けられるか懸念しましたが、敷地内の介護事業所や提携病院を利用して現在要介護3の方も入居され、要介護度の上昇による退去はないと契約書で確認できました。一方、入居者の要介護度上昇に伴い見守り担当が増員されると、その人件費が共益費を押し上げることや、銀行口座の残高不足で口座引き落としができない場合の延滞金について契約で初めて知りました。共益費については、サ高住の運営懇談会に参加してしっかりチェックしていきたいと思います。

　いずれにしても、自宅マンションを賃貸し、その家賃を毎月の生活費の一部や趣味・娯楽、さらに介護・医療費などに充てていく予定です。今回の契約は、自宅マンションを賃貸するときの参考にもなりました。

　これからは、安心して人生のセカンドライフ、サードライフを楽しんでいくつもりです。

契約時チェックリスト

契約日 △年 △月 △日

はじめに書類を確認しましょう（もらわなければならない書類）

- ●居室の契約書・重要事項説明書 —事業者名（ ×× ）
- ●サービス契約書【基本サービス】—事業者名（ ×× ）
  　　　　　　　【追加サービス】—事業者名（ ×× ）
- ●その他の書類（ 　　　　　　　　　）

○印はすべての項目を確認します。☆印は必要な項目を選んで確認します。

契約 ＊誰とどの部屋について契約するのか＊ ✓

◆住まいの情報で確認することはなんですか？
　○基本事項 【名称／所在地／連絡先／管理者名／契約期間／部屋番号／設備】　207号
　☆契約方式 【普通建物賃貸借・終身建物賃貸借・定期建物賃貸借・利用権】

◆保証人などは必要ですか？　姪○水
　○必要な人とその役割【連帯保証人／身元引受人／残置物引受人】
　☆保証人がいないとき【公的機関・保証金・任意後見契約・その他（ 　　）】

◆解約はどうすればよいですか？　$¥1000万円
　○方法【申し出る時期／方法】　○お金【返ってくるお金／差し引かれるお金】

お金 ＊費用がどのくらい必要か＊ ✓

◆入居するときや毎月どんなお金が必要ですか？
　○住まいの費用【保証金（敷金）／家賃／共益費／光熱費／その他（お礼金）】
　○基本サービス 【生活相談／状況把握／緊急時の対応／夜間対応】
　☆追加サービス 【食事・入浴・洗濯／掃除・介護／その他（入居度）】
　　　　　　　　　　　　　　　　　　　　　　　　　　サービス

◆特別に支払うお金はありますか？
　○住まいの維持管理費用 【水漏れ修理／鍵の紛失／電球交換／模様替え】
　○つき添い費用 【通院／買い物／散歩】　○退去時の原状回復費用

◆支払いはどのようにしますか？
　○毎月の支払い方法
　○もしものときの精算方法【入院したとき／長期不在のとき／延滞したとき】

それぞれのモデルケース

医療・介護 *病気や介護が必要なときに安心か*

◆ 体調が変化しても住み続けられますか？
- ◯医療が必要なとき 【提携機関／服薬管理／透析／その他(　　　)】
- ◯認知症になったとき
- ◯介護が必要なとき 【介護事業所／ケアマネージャー】
- ◯看取りが必要なとき　葬儀の手配

生活 *今までの暮らしが続けられるか*

◆ 今までと同じように生活できますか？
- ☆持ち込みできるもの 【家具・仏壇・ペット・その他(　　　)】
- ☆趣味の品 【楽器・オーディオ・植物・その他(　　　)】
- ☆その他 【電化製品・固定電話・インターネット・新聞】
- ☆生活習慣 【食堂・お風呂・飲酒・喫煙・家族の宿泊】

◆ トラブルになることはどんなことですか？
- ◯迷惑行為 【騒音／その他(　　　)】　◯鍵・貴重品の管理
- ◯退去するとき 【申し出の時期／原状回復の範囲】
- ◯苦情窓口 【居室／基本サービス／追加サービス】

メモ (チェックリストにない項目で確認したことがあれば書きとめましょう。)

月極駐車場あり

このリストは契約書と一緒に大切に保管しましょう！

チェックリストの 👌 にすべて◯がついた！
ほかに確認すべき項目がないか担当者に聞いた！
➡ これでサ高住の契約は完了！

施設名　××サ高住　　担当者　××さん
契約者　A　　　　　　立会者　友人Wさん

*** わからないことは裏面の相談先に相談してみましょう ***

3-2　Bさんのケース

> 夫婦二人暮らし・夫ひとりだけの契約

背　景

　Bさん夫婦は、子どもたちが独立してから要介護2の夫（82歳）と妻（78歳）の二人暮らしです。夫は定年退職後、脳梗塞を患い片足と言葉が不自由で、糖尿病の薬も服用しています。妻は、体格の良い夫の入浴とトイレの介助で腰痛がひどくなり、夫婦一緒にバリアフリー構造のサ高住への住み替えを計画しました。

　しかし、二人で入居すると食費を加えた毎月の費用が、二人の年金額22万円を超えることから、自宅近くのサ高住に、夫がひとりで入居することに決めました。

契約するサ高住の情報

- 定期建物賃貸借契約*Q13　　　　　　　　　　　　　→Q13 (P41)
- 最寄り駅からバスで10分に立地　2階建て（20戸）
- 部屋の広さ20㎡、トイレ、洗面台、収納付き
- 運営は有料老人ホーム経営の実績がある介護関連企業
- 平均年齢82歳　平均要介護度1.8　女性3：男性1
- 小規模多機能居宅介護施設*Q9が建物内に併設　　　→Q9 (P40)
- 毎月の費用　138,000円（家賃55,000円、基本サービス費25,000円、共益費15,000円、食費　43,000円）
- 入居時の敷金　家賃の3か月分

決めたポイント

　運営事業者は全国で介護施設を経営しているので、追加サービスに関して詳細な料金を設定しています。別料金を支払えば糖尿病食や、病院への付き添いも利用できます。夫は趣味であるオーディオ機器の持ち込みを検討してもらえることで乗り気になりました。しかし、このサ高住は、運営事業者と土地・建物の所有者が異なることがわかりました。運営事業者は土地を10年の定期借地で借りており、一般的に定期借地権の更新はありませんので、担当者も10年経過後のことについては明言しません。

　終の棲家としては不安定ですが、住み慣れた地域を離れたくないという夫の希望と、夫の身体状況を考えると数年内に特別養護老人ホームへ住み替える可能性が高いことから、入居を決めました。

契約時に確認したこと

◇契　約
・定期建物賃貸借契約の期間は10年のため、10年後に退去が必要になる可能性。

◇お　金
・糖尿病食に対応した栄養管理費用は１食あたり50円。
・病院への通院介助は１時間1,700円。
・薬の飲み忘れなどの管理は１日280円。

◇医療・介護
・提携病院は３か所。居室への往診が可能。
・施設内でデイサービスとショートステイが利用可能。

◇生　活
・オーディオの使用について使用時間と方法を特約事項*Q15として追加記載（使用時間は10時から16時まで、ヘッドフォンでの視聴に限る）。　→**Q15**（P42）
・ペットのインコの飼育は禁止。
・事前に申請すると妻が部屋に宿泊可能。

契約後の感想

　最初に計画した夫婦での入居は、費用が高く断念しました。借地上の定期建物賃貸借契約のメリットは、毎月の費用が比較的安いことです。近いうちに夫が要介護3以上になり特別養護老人ホームへ住み替えする可能性が高いことから、期限付きの契約でもよいと思いました。

　趣味のオーディオは夫にはとても大切です。話し合いの結果、契約書に特約事項として盛り込むことで希望が叶いました。契約書に希望を追加できることは知りませんでしたが、専門家に相談して特約事項の文章を確認しました。介護サービスも施設内の小規模多機能と今までのサービスのどちらか選択できますので、夫の希望を尊重しながらケアプランを考えていきます。きめ細かい追加サービスは便利ですが、有料なので使い過ぎに注意が必要です。

　夫は別々に暮らすことに少し抵抗しましたが、「家から歩ける距離だから頻繁に様子を見に行きますよ」と言うと納得してくれました。これからはお互いに自分の趣味や外出などを楽しみながら、夫婦のより良い関係を築いていければと思います。

それぞれのモデルケース

契約時チェックリスト

契約日 ○年 △月 ×日

はじめに書類を確認しましょう（もらわなければならない書類）
- ●居室の契約書 ・ 重要事項説明書 ―事業者名（ △△ ）
- ●サービス契約書 【基本サービス】―事業者名（ △ ）
　　　　　　　　【追加サービス】―事業者名（ △ ）
- ●その他の書類（ ○○ ）

○印はすべての項目を確認します。☆印は必要な項目を選んで確認します。

契約　＊誰とどの部屋について契約するのか＊ 〇

◆住まいの情報で確認することはなんですか？　　301
- ○基本事項　【名称／所在地／連絡先／管理者名／契約期間／**部屋番号**／**設備**】
- ☆契約方式　【普通建物賃貸借・終身建物賃貸借・**定期建物賃貸借**・利用権 】

◆保証人などは必要ですか？　　息子　　　　　10年
- ○必要な人とその役割　【**連帯保証人**／身元引受人／残置物引受人 】
- ☆保証人がいないとき　【公的機関・保証金・任意後見契約・その他（　　）】

◆解約はどうすればよいですか？
- ○方法【申し出る時期／方法】　○お金【返ってくるお金／差し引かれるお金 】
　　　　30日以内

お金　＊費用がどのくらい必要か＊ 〇

◆入居するときや毎月どんなお金が必要ですか？
- ○住まいの費用　【**保証金（敷金）**／**家賃**／**共益費**／**光熱費**／その他（　　）】
- ○基本サービス　【**生活相談**／**状況把握**／**緊急時の対応**／夜間対応 】
- ☆追加サービス　【**食事**・**入浴**・**洗濯**・**掃除**・介護・その他（　　）】
　　　　　　　　　毎日のゴミ出しの時　状況はみて

◆特別に支払うお金はありますか？
- ○住まいの維持管理費用　【**水漏れ修理**／**鍵の紛失**／**電球交換**／模様替え 】
- ○つき添い費用　【**通院**／**買い物**／散歩 】　○**退去時の原状回復費用**

◆支払いはどのようにしますか？
- ○毎月の支払い方法　　家賃＋共益費
- ○もしものときの精算方法【**入院したとき**／長期不在のとき／**延滞したとき** 】

好評既刊

行政手続法制定資料全集(1)〜(16)
塩野宏・小早川光郎 編著
◎制定資料を網羅的に考証・解説する

旧刑法【明治13年】(4)(4)-Ⅰ
西原春夫・吉井蒼生夫・藤田正・新倉修 編著
◎わが国初の近代刑法制定資料集完結!

刑事訴訟法制定資料全集——昭和刑事訴訟法編(14)
松尾浩也・井上正仁・渡辺咲子・田中開 編著
◎昭和23年全面改正刑訴法立案関係資料

民事訴訟法【明治23年】(5)
松本博之・徳田和幸 編著
◎明治23年民訴法の複雑な制定経過を整理

民事訴訟法の立法史と解釈学
中野貞一郎 著（大阪大学名誉教授）
◎中野民訴法学の原点をまとめた論考集

民事訴訟・執行法の世界
松本博之 著
◎民訴法の継受・改正史と解釈論争史

◆基礎知識を積み上げよう◆

プロセス講義 刑事訴訟法
亀井源太郎・岩下雅充・堀田周吾・中島宏・安井哲章 著

プロセス講義 民法Ⅵ家族

プロセス講義 民法Ⅴ債権2

プロセス講義 民法Ⅳ債権1【新刊】

プロセス講義 民法Ⅲ担保物権
後藤巻則・滝沢昌彦・片山直也 編

フランス憲法判例集第2弾
Les grandes décisions du Conseil constitutionnel de la France

フランスの憲法判例Ⅱ
5600円 フランス憲法判例研究会 編
辻村みよ子 編集代表
B5判・並製・440頁 ISBN978-4-7972-3348-3 C3332

1996〜2005年の主要86判例を掲載
Wichtige Entscheidungen des Bundesverfassungsgerichts

ドイツの憲法判例Ⅲ
6800円 ドイツ憲法判例研究会 編
栗城壽夫・戸波江二・嶋崎健太郎 編
B5判・並製・656頁 ISBN978-4-7972-3347-6 C3332

精義シリーズ

都市行政法精義Ⅰ・Ⅱ
◎「まちづくり」への行政法アプローチ

行政契約精義
◎行政契約に関する日本の状況の研究

社会保障財政法精義
社会保障財政法のわが国初の体系書

政府経費助成法精義
政府経費助成法に関するわが国初の体系書

公的資金助成法精義
◎あるべき公的資金助成法の「構築」への模索

公共契約法精義
碓井光明 著（明治大学大学院法務研究科教授・東京大学名誉教授）

サ高住の探し方（サービス付き高齢者向け住宅）
消費生活マスター介護問題研究所 著
本澤巳代子 監修
悔いのない住まい探しのガイドブック

佐伯千仭 著
◎佐伯刑法学を代表する論文を精選収録 佐伯千仭著作選集 全6巻

1 **生きている刑事訴訟法**
2 **刑事法の歴史と思想、陪審制**
3 **責任の理論**
4 **違法性と犯罪類型、共犯論**
5 **刑法の理論と体系**

信山社 113-0033 東京都文京区本郷6-2-9-102 東大正門前
TEL 03-3818-1019 FAX 03-3818-0344 order@shinzansha.co.jp

2016.12.20 30000

好評既刊

プラクティスシリーズ

「待ったなし」の年金改革アップデート版
年金改革の基礎知識〔第2版〕
石崎 浩 著
B6変・並製240頁
2000円

人間を自由にするという都市の未来構築論
都市空間のガバナンスと法
吉田克己・角松生史 編
A5版・上製496頁

早わかり新安保法制解説
安全保障関連法
読売新聞政治部 編著
A5変・並製296頁

潮見佳男 著 ◎最新の債権法理論を反映させた改訂第4版
プラクティス民法 債権総論〔第4版〕
3800円

木村琢麿 著 ◎単純明快事例解説使の行政法教科書
プラクティス行政法
3800円

山川隆一 編 ◎工夫と工夫に富んだ新感覚スタンダード教科書
プラクティス労働法
3800円

柳原正治・森川幸一・兼原敦子 編 ◎基礎から発展までをサポートする好評テキスト
プラクティス国際法講義〔第2版〕
3000円

判例プラクティスシリーズ

憲法判例研究会 編 ◎補遺とて14判例を追加した365件
判例プラクティス 憲法〔増補版〕
松本恒雄・潮見佳男 編
判例プラクティス 民法I 総則・物権
3600円

浅野博宣・尾形 健・小島慎司・宍戸常寿・曽我部真裕・中林暁生・山本龍彦 著
判例プラクティス 民法II 債権
3600円

判例プラクティス 民法III 親族・相続
2800円

成瀬幸典・安田拓人 編 ◎効率よく体系的に学べる民法刑判例解説集
判例プラクティス 刑法I 総論
4000円

成瀬幸典・安田拓人・島田聡一郎 編 ◎刑法〈総論〉判例集の決定版 全444件解説
判例プラクティス 刑法II 各論
4400円

◎刑法〈各論〉判例集の決定版 全543件
判例プラクティス 刑法II 各論
4800円

講座 憲法の規範力

古野豊秋・三宅雄彦 編集代表
1 規範力の観念と条件
◎憲法論的な見地で問う役割とは何か
6000円

戸波江二・畑尻 剛 編集代表
2 憲法の規範力と憲法裁判
6800円

小山 剛 編集代表
3 憲法の規範力と市民法
7600円

鈴木秀美 編集代表
4 憲法の規範力とメディア法
〔近刊〕

嶋崎健太郎 編集代表
5 憲法の規範力と行政
〔近刊〕

宇賀克也・佐藤岩夫 責任編集
行政法研究 第15号

太田匡彦・佐藤岩夫 責任編集
社会保障法研究 第6号

河上正二 責任編集
消費者法研究 第2号〔新刊〕

中西優美子 責任編集
EU法研究 第2号〔新刊〕

井上達夫 責任編集
法と哲学 第2号〔新刊〕

岩村正彦・菊池馨実 責任編集
法と社会研究 第2号
◎憲法の持つ現実的意義とはほかか
5600円

信山社ホームページ参照下さい。

好評既刊

福田徳三著作集 全21巻

暗雲録
第一次大戦後・混迷期の思想状況を描
福田徳三研究会 編 武藤秀太郎
福田徳三著作集 第16巻
5400円

黎明録
日本経済学・福祉経済論の開拓者
福田徳三研究会 編 清野幾久子
関東大震災のリアルな現実と、人間の復興
吉野作造らと「黎明運動」を展開。激論
福田徳三著作集 第17巻
6000円

社会政策と階級闘争
福田徳三研究会 編 西沢 保・森 宜人
福田徳三著作集 第15巻
6000円

復興経済の原理及若干問題
福田徳三研究会 編 武藤秀太郎
福田徳三著作集 第10巻
6000円

新時代の刑事法学 上下巻
第一線の研究者、実務家が集った待望の書。
芦部信喜・高見勝利 編著
井田 良・川出敏裕・山口 厚・只木 誠 編
(上)14000円
(下)16000円

日本立法資料全集 本巻 皇室経済法
現行皇室法成立過程の定本資料と考証
芦部信喜・高見勝利 編著
3800円

日本立法資料全集 本巻 皇室典範
未見の一級資料を集成・解説した定本資料集
芦部信喜・高見勝利 編著
昭和・上製 600頁
3800円

好評発売中

コンパクト学習条約集【第2版】
芹田健太郎 編集代表
本体1,000円（四六判・加算）584頁
薄くて持ちやすく携帯用条約集の決定版

医事法六法
甲斐克則 編集
本体2,200円（四六判・加算）560頁
学習・実務に必携の最新帯型医療関連法令集

保育六法【第3版】
田村和之 編集代表
本体2,600円（四六判・加算）848頁
関連法令等を加えた子育て六法第3版

スポーツ六法2014
小笠原正・塩野・松尾浩也 編集代表
本体2,500円（四六判・加算）百科
学習・行政に必携のスポーツ法令百科

ジェンダー六法【第2版】
山下泰子・辻村みよ子・浅倉むつ子・二宮周平・戒能民江 編集代表
本体2,800円（四六判・加算）頁数
学習・実務に必携のジェンダー法令集

保育判例ハンドブック
田村和之・古畑 淳・倉田賀世・小泉広子 著
判例からわかる保育の現状
2600円

子どもと離婚
合意解決と履行の支援
二宮周平・渡辺惺之 編
離婚と子どもの問題の比較法研究
6000円

法律学講座 EU競争法
笠原 宏 著
益々重要性を増すEU競争法の全体像
6000円

環境リスクと予防原則Ⅰ
畠山武道 著
リスク評価［アメリカ環境法入門］
最新アメリカ環境法リスク論の基礎知識
2800円

在外被爆者裁判
田村和之 編
最高裁「全面勝訴」判決がもたらしたもの
5000円

行政法再入門【第2版】上下
阿部泰隆 著
最新問題提起の行政法再入門
(上)5000円 (下)6000円

信山社　〒113-0033　東京都文京区本郷6-2-9-102

信山社

※全国の書店・楽天ブックス等でもお買い求め下さい。
（税別）

好評発売中

岩村正彦・菊池馨実 編集代表
編集委員 嵩さやか・中野妙子・笠木映里・水島郁子

社会保障・福祉六法
充実の140令令を厳選収載した薄型六法。
四六変・総頁 890頁 定価本体4300円＋税

講義や各種試験、行政・自治体の事務や企業担当者まで、使いやすい薄型六法。140法令を掲載しつつ、条文は必要と思われる部分に厳選。内容の充実化と軽量・薄型化を両立した新時代の法令集。

講義や試験、実務で役立つ重要法令・条文を厳選

〈目次〉
I 公的年金・企業年金
II 医療・介護保険
III 雇用保険・労災補償
IV 社会福祉・社会サービス等
V 公的扶助・生活困窮者支援
VI 推進・補償等
VII 諸法
VIII 憲章 約

【編集協力】
柴田洋二郎・島村暁代・髙畠淳子・冶井沙弥・南貴永代
永野仁美・中嶋邦彦・補川幸代・福島豪・山下慎一…

学術選書
民法解釈方法への貴重な法分析

民法理論研究

中村哲也 著

A5判・上製528頁

14000円

近代ヨーロッパの私法学者史と学者史

法学上の発見と民法

小野秀誠 著

A5判・上製 744頁

7000円

上程法案の大幅修正過程の検索至便に

会社更生法
〔昭和27年〕(3)国会審議
日本立法資料全集 本巻

青山善充 編著

10000円

軍縮の基本を立体構成で辞典で説く

軍縮辞典
DISARMAMENT LEXICON

5000円

日本軍縮学会 編

四六変・加除 ISBN978-4-7972-8756-1 C3532

携帯性・一覧性に優れた好評の超薄型六法

法学六法'17

1000円
★事項索引付

池田真朗・宮島 司・安冨 潔
三上威彦・三木浩一・小山 剛
北澤安紀 編集代表

四六変・加除 ISBN978-4-7972-5740-3 C0532

基礎を固める
ブリッジブックシリーズ

ブリッジブック 国際法（第3版）
植木俊哉 編
四六変・総頁 320頁
3000円

ブリッジブック 社会学（第2版）
社会学の「世界地図」的入門書
玉野和志 編
四六変・総頁 248頁
2400円

ブリッジブック 法学入門（第2版）
説明の仕方に工夫を凝らした導入教材
南野 森 編
刑法を加えアップデートした最新版
四六変・総頁 268頁
2300円

医事法講座

甲斐克則 編著

① ポストゲノム社会と医事法
※未来永劫の変化を巡る具体問題比較と基礎理論

② インフォームド・コンセントと医事法
※基礎理論から個別の具体的事例までの業績を図る

③ 医療事故と医事法
※医療現場を多角的に捉え法律との関係性を図る

④ 終末期医療と医事法
編著　第一線の研究者・実務家によるターミナルケア

⑤ 生殖医療と医事法
編著　※日本と海外の状況を広く検討

⑥ 臓器移植と医事法
編著　※日本、世界の動きの主軸とターミナルケア

⑦ 小児医療と医事法
新刊

各 **9000円**

医療・介護 *病気や介護が必要なときに安心か*

◆ 体調が変化しても住み続けられますか？
- 医療が必要なとき 【提携機関／服薬管理／透析／その他(往診〇)】
- 認知症になったとき　3ヶ月
- 介護が必要なとき 【介護事業所／ケアマネージャー】
- 看取りが必要なとき　介護状態悪化にも過去なし

生活 *今までの暮らしが続けられるか*

◆ 今までと同じように生活できますか？　インコはダメ
- ☆ 持ち込みできるもの 【家具・仏壇・ペット・その他(　)】
- ☆ 趣味の品 【楽器・オーディオ・植物・その他(　)】
- ☆ その他 【電化製品・固定電話・インターネット・新聞】
- ☆ 生活習慣 【食堂・お風呂・飲酒・喫煙・家族の宿泊】　事前申し込み

◆ トラブルになることはどんなことですか？
- 迷惑行為 【騒音／その他(暴力)】　　鍵・貴重品の管理
- 退去するとき 【申し出の時期／原状回復の範囲】
- 苦情窓口 【居室／基本サービス／追加サービス】

メモ （チェックリストにない項目で確認したことがあれば書きとめましょう。）

オーディオはヘッドホン使用すること。時間は10時〜16時
特約として追加できる。　契約期間は10年

チェックリストの  にすべて〇がついた！
ほかに確認すべき項目がないか担当者に聞いた！

➡ これでサ高住の契約は完了！

> このリストは契約書と一緒に大切に保管しましょう！

施設名　△△サ高住　　担当者　〇〇さん
契約者　B　　　　　　立会者　B妻・息子

＊＊＊わからないことは裏面の相談先に相談してみましょう＊＊＊

3-3　Cさんのケース

田舎の母を近くに呼び寄せ

背　景

　Cさんは60歳のパートタイマーで、61歳の夫と二人暮らし。孫育ての応援をしながら、あと数年は共働きを続けたいと思っています。車で3時間のところにある実家で一人暮らしする母は83歳。最近、自分の年齢が正確に言えず認知症が疑われますので、自宅近くのサ高住に呼び寄せることにしました。

　実家のある役所で介護保険の申請をして認定調査を受けたところ、約1か月後に要支援2の通知が届きました。母の収入は月に15万円の年金で、数百万円の貯金があります。実家の小さな畑付き農家は、母の生活が落ち着いたころに、兄と相談しながら売却の準備を進めていきます。

契約するサ高住の情報

- 利用権契約*Q20（特定施設入居者生活介護*Q14の指定）　→Q20 (P44)
- 最寄り駅から車で20分の郊外に立地　平屋建て（10戸）　→Q14 (P42)
- 部屋の広さ18㎡、トイレ、洗面台、小さな棚付き
- 経営は家族経営の有限会社
- 平均年齢　88歳、平均要介護度　要介護3、女性4：男性1
- 毎月の費用は130,000円（家賃60,000円、共益費30,000円、食費40,000円）
- 入居時の敷金なし

決めたポイント

　自宅から近いので、母を頻繁に訪問することや、時々自宅に連れて帰り、一緒に買い物や食事、旅行なども楽しめます。母は食べることが大好きで、自分では食事を作れなくなりましたが、見学したときの試食が口にあったようで食事を楽しみにしています。また、追加費用を支払えば毎日入浴できることも、風呂好きの母には大切なポイントでした。

　10年間で10人以上を居室で看取ったそうです。まさに終の棲家です。少人数の施設であることは経営的に心配な面もありましたが、介護される人として受け身で生活するのではなく、食事を作る、掃除をする、レクレーションなど自分でできることや得意な分野で協力しながら共同生活を送れます。家族のような支え合いを信条にしているところに共感しました。

契約するときに確認したこと

◇契　約
- 利用権契約では、状況把握と生活相談は介護保険を適用し、食費込みの契約。入浴、排せつ、食事などのサービスが、スタッフによって特定施設入居者生活介護* ^{Q14}サービスで提供。　→**Q14**
（P42）

◇医療・介護
- ターミナルケアを実施する医療機関と密接に連携。
- 他人に危害を加えるなどの行為がなければ住み続けられ、今まで認知症を理由とした退去者なし。

◇生　活
・共同の浴室は週2回の利用が原則で、空いている時間帯なら有料（850円/回）での利用可能。
・外出や外泊のときは、前日までに欠食届を提出すると食費は日数分を精算。

契約後の感想

利用権契約は、介護保険の特定施設である介護付き有料老人ホームで一般的に使われる契約方式で、主なサービスはサ高住スタッフによって提供されます。一方で、外出や外泊時の届けは必ず出さなければなりません。

　認知症が進んでも、ほとんどの入居者はスタッフの寄り添った言動で笑顔になると聞き安心しました。認知症の進行が一番心配なので、入居までに認知症診断*Q16を受けたところ、アルツハイマー型認知症でした。周りの対応次第で進行や迷惑行為を和らげることができると聞きましたので、スタッフと相談しながら見守っていくことにします。ターミナルケアも可能な訪問診療体制は、何よりの安心材料です。　→Q16（P42）

　引っ越しに伴う手続きも、介護保険受給資格者証明書を実家のある役所でもらい、サ高住のある役所に14日以内に提出することで、スムーズに介護サービスが受けられました。住所地特例*Q7により、介護サービス費用は実家のある役所が負担しますが、サービス利用の制限はありません。　→Q7（P39）

　実家に比べるとサ高住はかなり狭くなりますので、当面必要な衣類だけ運びました。母がサ高住に馴染んだら、実家の整理も始めます。長年住んだ家は思い出の品も多いので、母の希望を聞きながら少しずつ進めていきたいと思います。

契約時チェックリスト

契約日 ×年 ×月 ×日

はじめに書類を確認しましょう（もらわなければならない書類）
- ●居室の契約書 ・ 重要事項説明書 ―事業者名（ ○ ○ ○ ○ ○ ）
- ●サービス契約書 【基本サービス】―事業者名（ ○ ○ ○ ○ ○ ）
- 　　　　　　　　　【追加サービス】―事業者名（ ○ ○ ○ ○ ○ ）
- ●その他の書類 （　　　　　　　　　　　）

○印はすべての項目を確認します。☆印は必要な項目を選んで確認します。

契約　＊誰とどの部屋について契約するのか＊

◆**住まいの情報で確認することはなんですか？**
　○基本事項【名称／所在地／連絡先／管理者名／契約期間／部屋番号／設備】
　☆契約方式【普通建物賃貸借・終身建物賃貸借・定期建物賃貸借・利用権】

◆**保証人などは必要ですか？**
　○必要な人とその役割【連帯保証人／身元引受人／残置物引受人】
　☆保証人がいないとき【公的機関・保証金・任意後見契約・その他（要相談）】

◆**解約はどうすればよいですか？**
　○方法【申し出る時期／方法】　○お金【返ってくるお金／差し引かれるお金】

お金　＊費用がどのくらい必要か＊

◆**入居するときや毎月どんなお金が必要ですか？**
　○住まいの費用【保証金（敷金）／家賃／共益費／光熱費／その他（食費）】
　○基本サービス【生活相談／状況把握／緊急時の対応／夜間対応】
　☆追加サービス【食事・入浴・洗濯・掃除・介護・その他（役所手続き）】

◆**特別に支払うお金はありますか？**
　○住まいの維持管理費用【水漏れ修理／鍵の紛失／電球交換／模様替え】
　○つき添い費用【通院／買い物／散歩】　○退去時の原状回復費用

◆**支払いはどのようにしますか？**
　○毎月の支払い方法
　○もしものときの精算方法【入院したとき／長期不在のとき／延滞したとき】

医療・介護　*病気や介護が必要なときに安心か*

◆ 体調が変化しても住み続けられますか？
- 医療が必要なとき　【提携機関／服薬管理／透析／その他(　　　)】
- 認知症になったとき　危害を加える場合は不可
- 介護が必要なとき　【介護事業所／ケアマネージャー】
- 看取りが必要なとき

生活　*今までの暮らしが続けられるか*

◆ 今までと同じように生活できますか？
- ☆ 持ち込みできるもの　【家具・仏壇・ペット・その他(　　　)】
- ☆ 趣味の品　【楽器・オーディオ・植物・その他(　　　)】
- ☆ その他　【電化製品・固定電話・インターネット・新聞】　テレビ
- ☆ 生活習慣　【食堂・お風呂・飲酒・喫煙・家族の宿泊】

◆ トラブルになることはどんなことですか？
- 迷惑行為　【騒音／その他(　　　)】　○鍵・貴重品の管理
- 退去するとき　【申し出の時期／原状回復の範囲】
- 苦情窓口　【居室／基本サービス／追加サービス】

メモ（チェックリストにない項目で確認したことがあれば書きとめましょう。）

外泊について
毎日の入浴について

チェックリストの 👌 にすべて○がついた！
ほかに確認すべき項目がないか担当者に聞いた！
➡ これでサ高住の契約は完了！

このリストは契約書と一緒に大切に保管しましょう！

施設名　○○○○　　担当者　施設管理者
契約者　Cさん母　　立会者　Cさん夫婦

＊＊＊わからないことは裏面の相談先に相談してみましょう＊＊＊

3-4　Dさんのケース

> 仕事を続けながら安心して暮らす

背　景

　Dさんは67歳の男性。50代半ばのときに、二人で暮らしていた母が突然倒れて寝たきり状態になり、自宅介護が始まりました。兄弟がいないため一人で介護を担ううちに、次第に仕事に支障が出て介護離職*Q1しました。その母も5年間の介護の末に亡くなり、今はその経験を活かして介護施設で契約社員として働いています。生活時間が不規則で外食が多く、腰痛の持病もあることから一人暮らしに不安を感じ、年金だけで費用が賄えるサ高住に住み替えることにしました。　→Q1 (P38)

　職場に近く通勤に便利なので、できるだけ長く働きたいと思っています。自宅は築50年と古くリフォーム費用もかかるため、売却して老後資金にする予定です。

契約するサ高住の情報

- 普通建物賃貸借契約*Q17　→Q17 (P43)
- 駅から徒歩8分に立地　5階建て（40戸）
- 部屋の広さ25㎡　ミニキッチン、浴室、トイレ、洗面台付き
- 運営事業者は地元の不動産会社
- 平均年齢75歳、ほとんどが自立、女性3：男性2
- 訪問介護事業所が隣接
- 敷金は家賃の3か月分

- 毎月の費用は90,000円（家賃70,000円、共益費10,000円、基本サービス費10,000円）食費は別途40,000円
- １階に入居者以外も利用可能な食堂あり

決めたポイント

　自宅の近所で駅から近いので、仕事にも買い物にも便利です。ワンルームマンションの改築物件なので、部屋に風呂やミニキッチンもあり、一人暮らしには十分な設備です。自立者が多く入居するサ高住は、生活の自由度が高く今までの生活のペースを守ることができます。

　サ高住の基本サービスである状況把握（安否確認）*Q10があるので、頼りになる身内がいない独り者にとっては、万一のときの不安がなく安心して暮らせます。今は主に自炊していますが、食事サービスは、栄養バランスも考えられていておいしいので、ゆくゆくは利用したいと思っています。

→Q10 (P40)

契約するときに確認したこと

◇契　約
- 土地・建物の所有者と運営事業者が同じ。
- 普通建物賃貸借契約で更新が可能。
- 保証人がいない場合、公的機関の保証でも可能。
- 解約するときは30日前の申し入れが必要。

◇お　金
- 風呂・キッチン付きのため電気や水道は個人で契約。

◇医療・介護
- ほとんどの入居者は自立ですが、隣接する訪問介護事業者を利用しながら要介護２の方も入居中。

◇生　活
・インターネットは利用可能(個人で契約が必要)。
・お酒やたばこも制限なし(部屋が汚れた場合に、壁紙の全面張替えなどの原状回復*Q4費用が退去時に敷金から支出)。　→Q4 (P39)

契約後の感想
　土地や建物の所有者と運営事業者が同じ会社であること、普通建物賃貸借契約では長期間の契約更新が可能なことを確認しました。保証人*Q18が必要と言われ困りましたが、運よく居住する市に公的保証制度があったため、それを利用しました。　→Q18 (P43)

　自立の方が多いので、スタッフが建物内にいる時間は昼間だけです。今後、要介護状態になり夜間の介護が必要になれば住み替えを検討しますし、社会情勢によって費用負担が増えることも想定しなければなりません。また、判断能力が低下すると、成年後見制度*Q12の利用が必要になる可能性があります。将来に備えて、住まいや医療・介護の制度について、引き続き情報収集していきます。　→Q12 (P41)

　自宅近くへの住み替えは、生活圏が同じで友人などの人間関係も変わりません。サ高住の入居者は一般的に女性が多いようですが、契約したサ高住は男性比率が高いので、仲良く協力していきたいと思います。

　サ高住に入居して、急な病気などでも誰かが駆けつけてくれる安心感を得られました。食生活や健康管理をきちんとして、できるだけ健康寿命を延ばすことを心がけていきたいと思います。

契約時チェックリスト

契約日 ○年 ○月 ○日

はじめに書類を確認しましょう（もらわなければならない書類）

- ●居室の契約書 ・ 重要事項説明書 —事業者名（ ○ ○ ○ ）
- ●サービス契約書 【基本サービス】—事業者名（ ○ ○ ○ ）
　　　　　　　　　【追加サービス】—事業者名（ ○ ○ ○ ）
- ●その他の書類 （ 　　　　　　　 ）

○印はすべての項目を確認します。☆印は必要な項目を選んで確認します。

契約　*誰とどの部屋について契約するのか*

◆住まいの情報で確認することはなんですか？
　○基本事項【名称／所在地／連絡先／管理者名／契約期間／部屋番号／設備】
　☆契約方式【普通建物賃貸借・終身建物賃貸借・定期建物賃貸借・利用権】

◆保証人などは必要ですか？
　○必要な人とその役割【連帯保証人／身元引受人／残置物引受人】
　☆保証人がいないとき【公的機関・保証金・任意後見契約・その他（ 　 ）】

◆解約はどうすればよいですか？
　○方法【申し出る時期／方法】　○お金【返ってくるお金／差し引かれるお金】

お金　*費用がどのくらい必要か*

◆入居するときや毎月どんなお金が必要ですか？
　○住まいの費用【保証金（敷金）／家賃／共益費／光熱費／その他（ 　 ）】
　○基本サービス【生活相談／状況把握／緊急時の対応／夜間対応】
　☆追加サービス【食事・入浴・洗濯・掃除・介護・その他（ 　 ）】

◆特別に支払うお金はありますか？
　○住まいの維持管理費用【水漏れ修理／鍵の紛失／電球交換／模様替え】
　○つき添い費用【通院／買い物／散歩】　○退去時の原状回復費用

◆支払いはどのようにしますか？
　○毎月の支払い方法
　○もしものときの精算方法【入院したとき／長期不在のとき／延滞したとき】

医療・介護 *病気や介護が必要なときに安心か* 👌

◆ 体調が変化しても住み続けられますか？
- ○医療が必要なとき 【(提携機関)/服薬管理/透析/その他(　　　　)】
- ○認知症になったとき
- ○介護が必要なとき 【(介護事業所)/(ケアマネージャー)】
- ○看取りが必要なとき

生活 *今までの暮らしが続けられるか* 👌

◆ 今までと同じように生活できますか？
- ☆持ち込みできるもの 【家具・仏壇・ペット・その他(　　　　)】
- ☆趣味の品 【楽器・オーディオ・植物・その他(　　　　)】
- ☆その他 【電化製品・固定電話・インターネット・新聞】
- ☆生活習慣 【食堂・お風呂・飲酒・喫煙・家族の宿泊】

◆ トラブルになることはどんなことですか？
- ○(迷惑行為)【騒音/その他(　　　　)】　○鍵・貴重品の管理
- ○退去するとき 【申し出の時期/原状回復の範囲】
- ○苦情窓口 【居室/基本サービス/追加サービス】

メモ （チェックリストにない項目で確認したことがあれば書きとめましょう。）

土地や建物の所有者と運営事業者が同じ
長期の契約更新が可能

チェックリストの 👌 にすべて〇がついた！
ほかに確認すべき項目がないか担当者に聞いた！
➡ これでサ高住の契約は完了！

施設名	サ高住 ①	担当者	〇〇さん
契約者	①	立会者	同僚

＊＊＊わからないことは裏面の相談先に相談してみましょう＊＊＊

それぞれのモデルケース　37

● 4　用語解説 ●

本書中で解説が必要な語句を50音順に並べています。

Q1　介護離職とはなんですか？

介護を理由に仕事を辞めること。介護や看護による離転職者は年間10万人を超えています。国の調査（2013年）によると直近5年間の介護離職者において、特に30～40代の男女、50代の男性が急増し、介護離職の若年化と男性の介護参加率が高まっています。国は「介護離職ストップ」を合言葉に、介護休業制度、介護休暇制度、短時間勤務制度の普及に努めています。

Q2　共益費（管理費）とはなんですか？

一般に集合住宅において、共用部分の清掃費、電球の取替え、修繕費、エレベーターなどの維持費や電気代などに充てる費用として各入居者が分担して負担するお金です。

Q3　「見学時チェックリスト」とはなんですか？

2015年11月に神戸消費生活マスター介護問題研究会が作成したチェックリストで「サ高住情報パンフレット」に収載。サ高住を見学するときに持参し、必要な情報を聞き取ることに役立ちます。生活、医療、介護、お金の4項目をチェックしながら、高齢期の暮らしの希望を整理することもできます。

「サ高住情報パンフレット」は神戸市のホームページからダウンロード可能。インターネットで「サ高住情報パンフレット」で検索、または神戸市消費生活課にお問い合わせください。

Q4　原状回復とはなんですか？
　借主には、居室を明け渡すときに「原状回復（元の状態に戻す）義務」があります。借主の故意・過失など、その他通常使用による傷みを超える損傷は借主の負担です。建物・設備などの自然な劣化、経年変化および借主の通常の使用により生ずる傷みについては貸主が負担します。

Q5　高齢者住まい法とはどのような法律ですか？
　高齢者の居住の安定確保に関する法律で、日常生活を営むうえで、高齢者が必要とする福祉サービスの提供を受ける環境が整い、高齢者が安心して住める住居の確保を目的としています。サ高住は「高齢者住まい法」の改正によって創設され、登録基準や内容、条件などが定められています。

Q6　敷金（保証金）とはなんですか？
　敷金とは、借主が賃料の未払や不注意により部屋に損傷を与えたり、破損させた箇所がある場合の修繕費用や損害賠償金などのために貸主に預け入れるお金です。したがって、居室などの明け渡しの際、貸主に対して負担すべき債務がない場合は借主に返還されるお金です。

Q7　住所地特例とはなんですか？
　介護保険サービスの費用は、原則として居住地の市町村が負担します。例外としてA市に住む方がB市の介護施設などに入所し住所を移した場合に、A市が引き続き費用を負担することを住所地特例といいます。介護施設が多い市町村の負担軽減の

制度で、A市の被保険者でありながら、B市の介護サービス（居宅サービス、地域密着サービス、地域支援事業）を受けることができます。対象は介護3施設（特別養護老人ホーム、老人保健施設、療養病床）と特定施設（介護付き有料老人ホーム・軽費老人ホーム、養護老人ホームなど）でしたが、2015年4月からは有料老人ホームに該当するサ高住も対象になりました。

Q8　終身建物賃貸借契約とはなんですか？

　都道府県知事から「高齢者すまい法」に基づいて「終身建物賃貸借事業」の認可を受けた施設での契約です。「終身」という言葉のとおり、借主が生存している限り住み続けることができる権利を有した賃貸借契約で、借主が死亡すると自動的に契約が終了します。

Q9　小規模多機能型居宅介護施設とはなんですか？

　原則的に、住んでいる市区町村でしか受けられない「地域密着型サービス」です。1つの施設で訪問、通所、宿泊を組み合わせたサービスを一体的かつ柔軟に提供し、2013年3月からは訪問看護が加わった複合型が登場しています。
　使用料金は要介護ごとの定額制で、食事代、宿泊代は別途必要です。1事業所の定員は25人と少人数なので、家庭的な雰囲気で顔なじみの職員に対応してもらえるメリットがあります。

Q10　状況把握(安否確認)とはなんですか？

　サ高住は、日中ケアの専門家が入居者の所在や健康状態を毎日1回以上確認することを法律で定められています。しかし方

法は運営会社によってまちまちです。定期的な部屋への訪問や、食事時に確認する方法が多数を占めますが、居室内の人感センサーで異常がある場合に職員が駆けつけるところや、電気・ガスの使用状況で確認するところもあります。

Q11　生活相談とは何ですか？

日常生活において入居者が不便に感じていることや心配事など（例：食事、健康、趣味、人間関係、行政サービス）を聞いて助言を行うことです。

Q12　成年後見制度とはなんですか？

認知症などにより、意思決定に問題が生じた場合に、他者にそれを委任する制度。大きく分けて二つあり、判断能力があるうちに自らの意思で委任する人と事前に契約する「任意後見」と、判断能力が十分でなくなった後、親族などの申立てにより家庭裁判所が委任する人を指名する「法定後見」があります。このほか、日常の金銭管理や通帳預かりなどについては、自治体の社会福祉協議会が実施する権利擁護事業があります。

Q13　定期建物賃貸借契約とはなんですか？

契約期間が満了すると、更新なく契約が終了する建物賃貸借契約のことです。高齢者の安定的な住まいの確保というサ高住の趣旨とは合致しませんが、初期費用の削減のために定期借地上に建設した場合や、ターミナルケアを重視するサ高住などのケースに採用されます。2013年の調査によると、サ高住の約8％がこの契約形態です。

Q14　特定施設入居者生活介護とはなんですか？

　特定施設は、都道府県から指定を受けた有料老人ホームやサ高住などが該当し、特養などの介護保険施設とは異なります。入居者は、特定施設内でスタッフから入浴・排泄・食事などの介護、その他の日常生活上ならびに療養上のお世話、機能訓練などの介護サービスを提供されます。サービスの費用は介護度に応じて１日当たり定額です。「介護付き」「ケア付き」という名称は特定施設でないと付けることはできません。

Q15　特約事項（特約項目）とはなんですか？

　あらかじめ契約書に記載されている条文以外の事項について特別な約束をする場合に書かれます。契約には、法律で絶対に守らなければならない規定と、そうではない任意規定があります。任意規定は当事者の合意があると変更・削除でき、新たな規定を設けることができます。これを「特約」といいます。個々の事情に最も適した形での契約を締結できることから、適切な規定を設けることで後の争いを予防できるなどの利点がありますので、契約時にはよく確認しておくべき部分です。

Q16　認知症診断とはなんですか？

　認知症にはアルツハイマー型認知症、脳血管性認知症、レビー小体型認知症などがあり、それぞれの症状と脳の変化をＭＲＩ（磁気共鳴画像）やＣＴ（コンピューター断層撮影）で画像診断して判断します。専門外来として「もの忘れ外来」「認知症外来」「認知症疾患医療センター」があります。

Q17　普通建物賃貸借契約とはなんですか？

　貸主が特定の建物の全部または一部を借主に使用させ、借主は使用の対価として賃料を支払う契約のことです。借主は部屋の独占的使用などの権利が確保され、原則として借主の承諾がなければ部屋に入ることはできません。借地借家法により、契約の自動更新など借主の保護が図られています。2013年の調査によるとサ高住の約7割がこの契約形態です。

Q18　保証人、身元・残置物引受人の役割はなんですか？

　保証人とは、法律上は金銭の支払い保証が一般的ですが、保証の範囲が契約において異なることがあります。何について保証の責任を負うか、契約時に確認することが重要です。

　身元引受人について法の定義はありません。一般的に病院や介護施設などへの入院・入所にあたり、所持品の預かり、緊急連絡先に登録、治療方針の確認、死亡時の身柄引き取り、部屋の退去手続き、本人の代わりに家賃を支払う保証人的な役割を果たす者をいいます。身元引受人と身元保証人が明確に区別されていない場合もありますので、責任範囲の確認が必要です。

　残置物引受人は、亡くなった人の生活用品などを施設・病院・賃貸住宅（サ高住を含む）などから引き取り、片付け・処分を行う人のことで、一般的に財産的価値がないものを扱うことが多くなります。

　保証人などを頼める人がいない場合などに備えるシステムとして、国は住宅セーフティネット事業を推進し、家賃債務保証に関する情報提供などを実施しています。

Q19　前払い金の保全措置とはなんですか？

　家賃などを前払い金として支払う借主が不利益とならないように、倒産などの場合に備えて一定の金額を準備しておくことです。保全措置の方法としては、銀行の保証や保険会社による補償保険などが定められています。その金額は前払い金の残存期間にかかる金額あるいは500万円のいずれか低い方でよいとされています。

Q20　利用権契約とはなんですか？

　有料老人ホームからサ高住に転換した際に採用されることが多い契約方式。施設と提供されるサービスを利用する権利ですから、利用者は施設管理者の指示のもとに利用しなければなりません。貸し主が承諾なく居室に入ることや、居室の変更も合理的な理由があれば許されます。入居する際に敷金ではなく一時金を支払うという点、居住する部分と介護などのサービスが一体で契約に含まれる点などが特徴です。

　終身利用が原則で、入居者が存命である限りは利用できます。2013年の調査によるとサ高住の約10％がこの契約形態です。

5　参考文献

1. サービス付き高齢者向け住宅の法律Q&A　銀座第一法律事務所編　中央経済社　2014年
2. 後悔しない高齢者住宅の選び方　岡本典子　日本実業出版社　2014年
3. いざという時の介護施設選びQ&A　三好春樹　講談社　2015年
4. サ高住の探し方　消費生活マスター介護問題研究会著　本澤巳代子監修　信山社　2015年
5. 「高齢者向け住まいの契約構造に起因する法的問題点〜「囲い込み」と事業者の責任〜」矢田尚子　週刊社会保障　No.2903　法研　2016年12月
6. 住宅賃貸借（借家）契約の手引き平成28年度版　不動産適正取引推進機構　http://www.retio.or.jp/info/pdf/syakuya.pdf　2017年1月20日確認
7. 住宅関連用語集　兵庫県　https://web.pref.hyogo.lg.jp/ks26/keikaku/documents/030kourei_yougo.pdf　2017年1月20日確認
8. サービス付き高齢者向け住宅情報提供システム　すまいづくりまちづくりセンター連合会http://www.satsuki-jutaku.jp/index.php　2017年1月20日確認
9. 高齢者向け住まいの実態調査報告書　野村総合研究所　平成28年3月https://www.nri.com/~/media/PDF/jp/opinion/r_report/syakaifukushi/20160420-4_report.pdf　2017年1月20日確認

参考資料

1) 高齢期の住まい　比較表

サ高住は、賃貸住宅と高齢者施設の両方の特徴を有します。それぞれの違いを一覧できるようにまとめてみました。

	一般賃貸住宅	サービス付き高齢者向け住宅
設置主体 行政手続き	限定なし（営利法人中心）	限定なし（個人も可、営利法人中心）登録制
入居条件	一般的になし	60才以上の高齢者、介護保険認定者と同居家族（法定） 介護度など（個別）
契約形態	普通建物賃貸借契約	建物賃貸借契約（普通・終身・定期）＋サービス（基本・追加）利用契約、利用権契約もあり
居室の権利	賃借権 賃借権を相続できる 居室移動なし	賃借権、終身賃借権、利用権 賃借権を相続できない 居室移動なし
居室面積 設備	規定なし（住生活基本法による単身最低居住面積25㎡〜29㎡）	原則25㎡以上（浴室・台所共用は18㎡以上）、バリアフリー構造・設備の規定あり
提供サービス	なし	法定：状況把握（安否確認）と生活相談 任意：食事・介護・家事など
介護サービス	外部の事業者と個別契約	外部の事業者と個別契約 特定施設認定サ高住は内部のスタッフがサービスを提供
利用料の支払い	月払い方式 （事業者や地域の商習慣による）	月払い方式 一括前払い方式あり（終身賃貸借・利用権）

	有料老人ホーム	特別養護老人ホーム
設置主体 行政手続き	法人（個人は不可、営利法人中心）届出制（義務）	社会福祉法人、地方公共団体など
入居条件	高齢者（概ね60才以上）	65才以上、要介護3以上 市区町村に申込み、優先度の高い方から入所
契約形態	利用権契約 （生活支援と住まいが一体）	入所契約 （居住、生活支援、介護が一体）
居室の権利	利用権、賃借権もあり 利用権は相続できない 居室移動あり	施設入所 相続対象ではない 居室移動ありうる
居室面積 設備	13㎡以上（原則個室） 食堂、浴室、トイレ、談話室、機能訓練室など	相部屋あり 1人当たり10.65㎡以上、設備の設置基準あり
提供サービス	食事、介護、家事援助、健康管理のいずれかを提供	食事、介護、医療など生活全般
介護サービス	介護付きはホームの職員が提供、住宅型は外部の介護事業者と個別契約	施設の職員が提供 （収入により自己負担金額が異なる）
利用料の支払い	前払い（入居一時金）と月払いの併用	月払い （収入により自己負担金額が異なる）

2) 契約書と重要事項説明書の項目

　契約書と重要事項説明書の様式は、地域やサ高住により異なります。以下は一般的な契約書と重要事項説明書の項目です。

　　　　　　　　　＊サ高住情報提供システムと神戸市の書式をもとに著者作成

参考とすべき入居契約書（普通建物賃貸借契約　毎月払い）

1.賃貸借の目的物　2.契約期間　3.賃料等　4.状況把握・生活相談サービスの内容等　5.貸主及び管理業者　　6.借主及び同居人

第1条　契約の締結　　第2条　契約期間・更新等　第3条　使用目的

第4条　賃料　　　　　第5条　共益費　　　　　　第6条　敷金

第7条　状況把握・生活相談サービスの内容、料金等

第8条　反社会的勢力の排除　第9条　禁止又は制限される行為

第10条　契約期間中の修繕　　第11条　契約の解除

第12条　借主からの解約　　　第13条　契約の消滅

第14条　明渡し　　　　　　　第15条　明渡し時の原状回復

第16条　残置物の引取り等　　第17条　立入り

第18条　債務の保証　　　　　第19条　緊急連絡先の指定

第20条　協議　　　　　　　　第21条　特約条項

別表1・別表2・別表3・別表4・別表5

重要事項説明書

1.事業者の概要　　2.事業の概要　　3.建物概要

4.サービスの内容　5.職員体制　　　6.利用料金

7.入居者の状況　　8.苦情・事故等に関する体制

9.入居希望者への事前の情報開示　10.その他

別添1　設置者が実施する他の介護サービス

別添2　提供するサービスの一覧表

3) サ高住契約のしおり

大切なことを自分で聞いて契約！
サ高住 契約のしおり
（サービス付き高齢者向け住宅）

◆**サ高住を契約するときに大切なこと**

　サ高住は、高齢者向けの有料サービス付きの賃貸住宅です。安心して暮らせる設備やサービスについて記載されているかどうか、すべての書類を確認します。「こんなはずではなかった」とならないように、慎重に契約しましょう。

◆**契約するときは信頼できる人に立ち会ってもらいましょう**

　「契約」は法的拘束力のある約束です。特に住まいの契約に必要な書類は、分量も多く内容も専門用語が多用され複雑です。
　契約内容をよく理解するためには、家族や友人、専門家など、契約についてよくわかった方に立ち会ってもらうと安心です。

◆**契約時チェックリストの使い方**

　担当者の説明を一方的に聞くのではなく、契約時に確認する情報を、消費者から聞いてチェックする画期的なリストです。チェックリストの項目を確かめると、契約に必要な情報がもれなく得られます。

1. 必要な書類を確認します
　　重要事項説明書・居室の契約書・サービス契約書
2. 「契約時チェックリスト」の項目を順番に聞き取ります
3. 「契約時チェックリスト」の説明を受けた項目に〇をつけます。
4. 説明を受けて納得できたときは、マークに〇をつけます。
5. チェックリストの 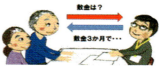 マークにすべて〇がある。
　　チェック項目以外に説明が必要なことはないか担当者に確認！

契約時チェックリスト

契約日　年　月　日

はじめに書類を確認しましょう（もらわなければならない書類）
- 居室の契約書 ・ 重要事項説明書 ―事業者名（　　　　　　　　）
- サービス契約書 【基本サービス】―事業者名（　　　　　　　　）
  　　　　　　　　【追加サービス】―事業者名（　　　　　　　　）
- その他の書類　（　　　　　　　　　　　）

○印はすべての項目を確認します。☆印は必要な項目を選んで確認します。

契約　＊誰とどの部屋について契約するのか＊

◆ 住まいの情報で確認することはなんですか？
　○基本事項　【名称／所在地／連絡先／管理者名／契約期間／部屋番号／設備 】
　☆契約方式　【普通建物賃貸借・終身建物賃貸借・定期建物賃貸借・利用権 】

◆ 保証人などは必要ですか？
　○必要な人とその役割　【連帯保証人／身元引受人／残置物引受人 】
　☆保証人がいないとき　【公的機関・保証金・任意後見契約・その他（　　　）】

◆ 解約はどうすればよいですか？
　○方法【申し出る時期／方法】　○お金【返ってくるお金／差し引かれるお金 】

お金　＊費用がどのくらい必要か＊

◆ 入居するときや毎月どんなお金が必要ですか？
　○住まいの費用【保証金（敷金 ）／家賃／共益費／光熱費／その他(　　　)】
　○基本サービス　【生活相談／状況把握／緊急時の対応／夜間対応 】
　☆追加サービス　【食事・入浴・洗濯・掃除・介護・その他(　　　)】

◆ 特別に支払うお金はありますか？
　○住まいの維持管理費用　【水漏れ修理／鍵の紛失／電球交換／模様替え 】
　○つき添い費用　【通院／買い物／散歩 】　○退去時の原状回復費用

◆ 支払いはどのようにしますか？
　○毎月の支払い方法
　○もしものときの精算方法【入院したとき／長期不在のとき／延滞したとき 】

医療・介護　＊病気や介護が必要なときに安心か＊

◆体調が変化しても住み続けられますか？
　　○医療が必要なとき　【提携機関／服薬管理／透析／その他(　　　　　)】
　　○認知症になったとき
　　○介護が必要なとき　【介護事業所／ケアマネージャー　】
　　○看取りが必要なとき

生活　＊今までの暮らしが続けられるか＊

◆今までと同じように生活できますか？
　　☆持ち込みできるもの　【家具・仏壇・ペット・その他（　　　　　）】
　　☆趣味の品　【楽器・オーディオ・植物・その他（　　　　　）】
　　☆その他　【電化製品・固定電話・インターネット・新聞】
　　☆生活習慣　【食堂・お風呂・飲酒・喫煙・家族の宿泊】

◆トラブルになることはどんなことですか？
　　○迷惑行為　【騒音／その他（　　　　　）】　○鍵・貴重品の管理
　　○退去するとき　【申し出の時期／原状回復の範囲　】
　　○苦情窓口　【居室／基本サービス／追加サービス　】

メモ　（チェックリストにない項目で確認したことがあれば書きとめましょう。）

このリストは契約書と一緒に大切に保管しましょう！

チェックリストの　　にすべて〇がついた！
ほかに確認すべき項目がないか担当者に聞いた！
➡ **これでサ高住の契約は完了！**

施設名　　　　　　　　　　　担当者
契約者　　　　　　　　　　　立会者

＊＊＊わからないことは裏面の相談先に相談してみましょう＊＊＊

©2017　神戸市消費生活マスター介護問題研究会

サ高住（サービス付き高齢者向け住宅）の契約時に役立つ情報

◆サ高住の登録情報の確認

https://www.satsuki-jutaku.jp/

サービス付き高齢者向け住宅情報提供システム （都道府県をクリックして検索）

◆自宅を売却したくないときに利用できる制度

http://www.jt-i.jp/

マイホーム借上げ制度…子育て世帯などに転貸し、安定した賃料収入を保証

問合せ先：一般社団法人移住・住みかえ支援機構（JTI） ☎03－5211－0757

◆保証人がいないときなどに利用できる制度

家賃債務保証制度…財団が連帯保証人の役割を担い、賃貸住宅への入居を支援

※対象となる住宅は財団と協定締結しているものに限られ、対象となる世帯や保障の対象と限度額が定められています。保証料は2年間の保証で月額家賃の35％。

問合せ先：一般財団法人高齢者住宅財団 ☎ 03－3206－5323

◆相談窓口（＊各自治体の相談窓口を記入して下さい）

・サ高住の契約に関する相談をしたいとき
　…**市・都道府県の消費生活センター** ☎
　…**国民生活センター** ☎ 03-3446-0999 平日11時から13時（年末年始、土日祝を除く）

・お金や通帳の管理に困ったとき…**市・都道府県の社会福祉協議会** ☎

・判断能力に不安を感じたとき
　…**成年後見支援センター、リーガルサポートセンターなど** ☎

・安心入居に関する情報がほしいとき…**都道府県の居住支援協議会** ☎

・介護保険に関して問い合わせたいとき…**市町村の介護保険課** ☎

あとがき

　介護保険制度の導入時、阪神淡路大震災を経験した神戸市の職員たちは、全国でも珍しい市民目線の取り組み（介護保険テレフォンの設置、介護保険と消費者保護の連携など）を展開してくれました。また、婦人団体や消費者団体は、一人暮らしの高齢者だけでなく、高齢者夫婦世帯も対象にした地域の見守り活動をしてくれました。地域の見守り活動は、高齢者の孤立死を防止するだけでなく、戸別訪問による消費者被害の早期発見と被害拡大の防止にも寄与してきたのです。

　こうした神戸市だからこそ、サ高住に関する消費者問題を理解し応援してくれたのだと思います。そもそもサ高住の契約には、住まいの契約だけでなく、基本サービスや付随サービス（食事・洗濯や介護など）に関わる契約も含まれており、消費者保護の部局だけで対応することは困難です。住まいや医療・介護などの情報を共有できる総合相談窓口の設置が必要です。

　その足がかりのひとつとして、各自治体や消費者団体は、神戸市のホームページで公開されている「サ高住情報パンフレット」および「サ高住契約のしおり」全国版を活用して欲しいと思います。まずは、相談窓口の電話番号として各地域の情報を記入したうえで、前書や本書の解説を参考にしつつ、チェックリストの普及をはかることから始めてもらえればと思っています。安心できる住まいなくして、これからの高齢社会を乗り切ることはできないからです。

監修者・本澤巳代子

監　　　修：筑波大学医学医療系客員教授　　　本澤巳代子
　　　　　　　　　　　　　　　　（筑波大学名誉教授、法学博士）
著　　　者：消費生活マスター　介護問題研究会
　消費生活マスターとは、多様化・複雑化する消費者問題に対応するため、神戸市が養成した消費者問題解決の専門家です。消費者庁の補助金を活用して開講した「神戸コンシューマー・スクール」を修了しており、法律や経済などの幅広い知識を備え、多様な解決策を提案します。介護問題研究会は消費生活マスター有志により結成しました。本澤先生を指導教官として、介護をテーマにフィールドワークを含む研究会活動を実施し、報告書、パンフレット、書籍『サ高住の探し方』などの研究成果を発表しています。

研究会会員：
　冨岡朝子（編集）・高松綾子（イラスト）
　幸 千尋・浜本久恵・小笹 淳・酒井恵理子・南畑早苗
協　　　力：神戸市消費生活課消費生活マスター事務局

〔サービス付き高齢者向け住宅〕
サ高住の決め方
―よりよい契約のために―

2017(平成29)年2月20日　第1版第1刷発行
8680:P56　¥800E-015:100-050

監　修　本　澤　巳代子
著　者　消費生活マスター介護問題研究会
発行者　今井　貴　稲葉文子
発行所　株式会社　信山社
〒113-0033 東京都文京区本郷6-2-9-102
Tel 03-3818-1019　Fax 03-3818-0344
henshu@shinzansha.co.jp
笠間才木支店　〒309-1611 茨城県笠間市笠間515-3
Tel 0296-71-9081　Fax 0296-71-9082
笠間来栖支店　〒309-1625 茨城県笠間市来栖2345-1
Tel 0296-71-0215　Fax 0296-72-5410
出版契約No.2017-8680-9-01011 Printed in Japan

©消費生活マスター介護問題研究会, 2017.
印刷・製本／東洋印刷
ISBN978-4-7972-8680-9 C3332　分類328.652法律社会保障法

JCOPY 〈㈳出版者著作権管理機構 委託出版物〉
本書の無断複写は著作権法上での例外を除き禁じられています。複写される場合は、そのつど事前に、㈳出版者著作権管理機構（電話03-3513-6969, FAX 03-3513-6979, e-mail: info@jcopy.or.jp）の許諾を得てください。